मटकिया भरी नहीं

मटकिया भरी नहीं

शगुन 51 कविताओं से

शुभ चिंतन

ISBN 13: 978-93-90507-54-2
ISBN 10: 93-90507-54-5

Printed in India and published by BUUKS

प्रस्तावना

बचपन में छोटी-मोटी कविताएँ लिखी थीं। धीरे-धीरे विज्ञान में रुचि बढ़ी और वहाँ से इंजीनियरिंग की तरफ। रास्ता फिर मुड़ा और मैं सरकारी सेवा से जुड़ गया। लेकिन पहला शौक और पहला प्यार कभी लुप्त नहीं होता; बस सुषुप्त हो जाता है। ठीक उसी तरह जैसे कोई पौधा जब बड़ा होने लगता है और एक वृक्ष बनने के लिए ऊँची होती हुई मुख्य शाखा (apical bud) कक्ष कलिका (axiliary bud) को सुषुप्त रखती है, और बाद में यही सुषुप्त कलिका अपनी इस अवस्था से जागकर बढ़ना आरम्भ कर देती है। इसी तरह एक दिन कविताओं की ये अभिव्यक्ति मुझ में पुनः जाग्रत हो गयी और ये सिलसिला दोबारा शुरू हो गया।

कभी कभी हमें खुद को खोद कर देखना चाहिये ये पता करने की लिए कि अतीत का क्या क्या अध्याय जमीन में दबा हुआ है। कुछ बड़े काम की और महत्व की वस्तुएँ अपने अंदर से भी निकल सकती हैं। किसी संग्रहालय की तरह कविताएँ भी उनको प्रदर्शित करने का एक माध्यम हैं।

एक और बात, जब भी कोई गजल या कविता लिखने की कोशिश करता हूँ और कुछ लिखने में सफल हो जाता हूँ, एक पुरुष होने के बावजूद सृजन और मातृत्व की अनुभूति होती है।

लिखने में भी कई अनुभव महसूस हुए। कुछ सुबह लिखीं, कुछ शाम को, कुछ रात और कुछ दोपहर में। कुछ बहुत विचार करके लिखीं, कुछ कम प्रयास से और बहुत सी कविताएँ ऐसा लगा जैसे उन्होंने स्वयं को ही लिख

लिया मुझे माध्यम बना कर। महबूब, ईश्वर, चाँद, नदी, समुन्दर, ताज महल आसमान, राम, सीता, श्री कृष्णा, पांचाली, सुल्ताना, राजा, रानी सब का सहारा मैंने लिया है। जैसे जैसे ख्याल आते गए, वैसे वैसे कवितायें लिखतीं गयीं; कोई श्रृंगार पर तो कोई प्रेम पर, कोई आक्रोश भरी तो कोई विद्रोह करती हुई, कोई भगवान पर तो कोई भक्त पर। इस क्रम को ऐसा ही रहने दिया है, अलग-अलग विशेष हिस्सों में विभाजित नहीं किया है। जीवन भी तो इसी तरह का एक सतत मिला जुला प्रवाह है।

एक और बात स्पष्ट करना चाहूँगा, वो ये है कि इन सभी कविताओं में जो कुछ भी लिखा गया है, कहा गया है, उसका बहुत कम सम्बंध मेरे जीवन के वास्तविक अनुभवों से है। जैसे मैंने मोहब्बत पर लिखा पर मुझे कभी किसी से मोहब्बत नहीं हुई। मैंने इंसाफ और अन्याय पर लिखा लेकिन मुझे इस मुश्किल का सामना भी कभी करना नहीं पड़ा। इसीलिए मुझे ऐसा लगता है जैसे किसी अनजान से मैं अज्ञात रूप में जुड़ा हुआ हूँ और बात उनके मन की मेरी आवाज़ बन कर निकल रही है। विज्ञान का छात्र रहने के बावजूद भी मुझे लगता है की हम सभी एक दूसरे से अदृष्य रूप में जुड़े हुए हैं, और ये ही जुड़ाव कविता में झलकता है। यहाँ मेरे लिए ये बताना बहुत आवश्यक है कि कविता लिखने की उमंग, या कहें प्रवृत्ति, मुझे अपने स्वर्गीय पिता, श्री ज्ञानेंद्र अग्रवाल से प्राप्त हुई है। वह स्वयं एक बहुत समर्पित और उत्कृष्ट कवि थे और अपने समय के सभी शीर्ष कवियों द्वारा जाने जाते थे। ये पौधा उसी वट वृक्ष को समर्पित है; हालाँकि वो अब इस दुनिया में नहीं हैं। इन कविताओं को आकार देने में एक और शिल्पी मेरी बहन डॉक्टर रचना अग्रवाल जैन का भी योगदान है जो एक सफल डॉक्टर होने के साथ साथ एक परिपक्व कवयित्री भी हैं।

अनुक्रमणिका

1

मंदिर में फिर से देवता बनने चले गए

तुमने कोशिश की मिटाने की
हमारे ज़िक्र लेकिन,

कामयाबी ना मिली तो
फाड़ कर पन्ने चले गए,

रूप धर कर एक प्रेमी का
और छल कर प्रेमिका को,

तुम किसी मंदिर में फिर से
देवता बनने चले गए।

सींचने का वक़्त था तो
आप थे हर पल नदारद,

क्यों ज़मीने इश्क़ पर भी
खींच दी थी एक सरहद।

फूल बगिया के मगर किस हक़ से
फिर चुनने चले गए,

कोरे काग़ज़ तक इबारत
कौन सी खिड़की से आयी,

शहंशाह ने संगमरमर पर
मोहब्बत क्यों लिखाई।

तुम किसी उड़ती पतंग के
काट कर कन्ने चले गए,

हम रहे उधड़े नई तुम
ज़िंदगी बुनने चले गए।

2
कटोरा धर दिया मैंने

मकाँ तेरे में रहता था
ले खाली कर दिया मैंने,

मेरे पे जितना बाकी था
किराया भर दिया मैंने।

समझ कर तू उसे बख्शीश
अपने पास रख लेना,

तुझे तेरे अकेलेपन में
जो अक्सर दिया मैंने।

रिहा मुझको तू अपनी इस
जकड़ से आज कर देना,

जो कराना चाहते थे तुम
वो सब कुछ कर दिया मैंने।

भिखारी अब लड़ाई हक की
लड़ने पे उतारू है,

रसोई में तेरी वापस
कटोरा धर दिया मैंने।

3
मुझे वनवास प्यारा है

बिछौना गोद है तेरी
तेरा कँधा सहारा है,

महल की फेंक दे चाबी
मुझे वनवास प्यारा है।

हिरण फिर बन गया षड़यँत्र
ना फिर से तुम चले जाना,

फिर भिक्षा माँगने मुझसे
कोई साधु पधारा है।

ये सावन हो गया आधा
अभी तक तुम नहीं भीगे,

घटा बरसी नहीं अब तक
अभी बादल कुँवारा है।

चमक वो एक सितारे की
जो देखी चाँद से बढ़कर,

किसी आकाशगंगा ने
उसे दिल में उतारा है।

अँधेरी रात में देखा
दिया एक टिमटिमाता सा,

लगा मुझको क्यों ऐसा
जिंदगी ने फिर पुकारा है।

मदारी खेल दिखलाने को
आया एक दुबारा है,

बजी है डुगडुगी अब तक
अभी खुलना पिटारा है।

4

खिड़कियों पे भी लगा के रखी थी जाली

सबक तुमने नहीं सीखे
किताबें क्यों जला डालीं,

मैं नाटक कर नहीं पाया
रही सब कुर्सियाँ खाली।

वो लगता है दुबारा से
पिशाचों को भगाना है,

अचानक से मोहल्ले में
जोर से बजने लगीं थालीं।

कई सौ साल पहले खुद
चिता में जल गयी रानी,

पुराने खंडहर की कुछ
छतें हैं आज तक काली।

एक साधु पोटली में डाल के
ले आया मृगतृष्णा,

तिजोरी भर गयीं सारी
मगर खाली रहीं थालीं।

मैं अपने हाथ से चेहरे को
उसके छू नहीं पाया,

उन्होंने खिड़कियों पे भी
लगा के रखी थी जाली।

5
नारायण भी बहुत से थे

समस्याएँ बहुत सी थीं
निवारण भी बहुत से थे,

मेरे पाले हुए वो द्वंद
अकारण भी बहुत से थे।

स्वप्न में मेरे आकर कल
ये कहने लगा इतिहास,

कहाँ दुनिया तुम्हारी है
कहाँ की ये तैयारी है।

हैं कब के मर चुके कौरव
महाभारत क्यों जारी है,

वरमाला विजयश्री की
पहनकर रोए थे पांडव,

दुबारा जंगलों में एक एक
कर के खोए थे पांडव।

हर युग में दिए मैंने
उदाहरण भी बहुत से थे,

क्यों लहरों से समुन्दर के
नहीं किस्से सुने तुमने,

उठा लाए हो बस कंकड़
नहीं मोती चुने तुमने।

घृणा हर काल में यदि थी
परायण भी बहुत से थे,

मेरे तो कालखण्डों में
नारायण भी बहुत से थे।

6
इशारे रोज करते हो

ना जाने कौन सा सुख है
तुम्हें हमको सताने में,

कभी मिलने नहीं आते
इशारे रोज करते हो।

नफा कुछ भी नहीं होगा
तुम्हें इस शक के धंधे में,

मेरी जासूसी तुम बन के
हमारे रोज करते हो।

नजरअंदाज हमको कर
खिला देते हो चिड़ियों को,

हमारे सामने फुलके
करारे रोज करते हो।

खुद को मान कर हिस्सा
तुम्हारा जुड़ गए तुमसे,

मगर तुम आज भी
मेरे तुम्हारे बहुत करते हो।

नहीं हमसे कभी लेते
हमारी चीज़ कोई भी,

मगर एहसान हम पर
बहुत सारे रोज करते हो।

7
मुझे फरमा दिया तुमने

हवा में जब घुलीं यादें
असर साँसों पे आया था,

वो सर्दी जनवरी की थी
जिसे गरमा दिया तुमने।

मिले जब तुम अचानक से
कहा जो शौक फरमाओ,

गजल होठों पे ले आकर
मुझे फरमा दिया तुमने।

मुझे लगता है मेरी कुछ
खताएँ हैं जवाँ अब तक,

निगाहें अपनी नीची कर
जो फिर शरमा दिया तुमने।

दिल में पोर थे इतने
रोज उड़ता रहा पानी,

चला चाबुक राजाओं पे
सख्त होती रही रानी।

जमा बैठा था अरसे से
झरोखे बंद कर सारे,

सुबह की धूप दिखला कर
उसे नरमा दिया तुमने।

ये मौसम साफ़ था अब तक
नजर आने लगे थे सच,

ले आए धुंध ये फिर से
मुझे भरमा दिया तुमने।

8
गजल फिर से लगा लिखने

अँगीठी मत भुजा देना
आएँगी रोटियाँ सिकने,

बाजारों में थी बेशरमी
शरम फिर से लगी बिकने।

वो गलती से अमीरों को
भी खैरातें गए देते,

जो फिल्मों से उठा जुमले
सभी मंचों से थे कहते,

गरीबी हम किसी घर में
नहीं देंगे अभी टिकने।

ये सिलवट पड़ गयी तो क्या
उमरिया बढ़ गयी तो क्या,

जवानी की सुबह पर कुछ
दुपहरिया चढ़ गयी तो क्या,

अभी तक हम मोहब्बत में
तने बैठे हैं मर मिटने।

हठी बादल ने छँटने की
गुजारिश की मेरी मंजूर,

मुझे फिर आसमानों में
तेरी सूरत लगी दिखने।

गुलामी कुर्सियों की अब
मैं ज़्यादा कर नहीं सकता,

मैं शायर बन गया कल से
गजल फिर से लगा लिखने।

9

खुद पर नाज़ कर लेना

तुम्हें हक मिल गए सारे
चलो तुम राज कर लेना,

जो जलसे जिंदगी के हैं
वो सारे आज कर लेना।

मोहब्बत हक की सूची में
कभी लिखी नहीं जाती,

मोहब्बत का किसी तुम
और से आगाज कर लेना।

हुआ परसों ये तय रिश्ता
और कल हो गयी शादी,

हवन में आहुति देकर
मुकम्मल हो गयी शादी।

मोहब्बत में रिवाजो रस्म
दुनिया के नहीं चलते,

हर माचिस की तीली से
दिये इसके नहीं जलते।

हुई है चाँद से शादी
मगर तुम तक चली आयी,

लिपट जाना तुम इससे और
खुद पर नाज़ कर लेना,

मोहब्बत चाँदनी इस रात से
तुम ताज कर लेना।

10

दो फिर अधिकार लड़ने का

तुम्हारे बीन कर चावल
ये कंकड़ छाँट दूँगा मैं,

करोगे तुम अगर गलती
तो तुमको डाँट दूँगा मैं।

परेशाँ हूँ मोहब्बत से
दो फिर अधिकार लड़ने का,

वजह कोई डपटने की
कोई मौका झगड़ने का।

गरीबी में भी खुद को
दोस्तों में बाँट दूँगा मैं,

मोहब्बत पट नहीं होती
बिना चिट के लड़ाई की।

अगर शादी नहीं होनी
जरूरत क्या सगाई की,

मेरे दिल में नहीं आती
कभी बेला विदाई की।

जो जीवन भर खुलेगी ना
थकेंगीं ऊँगलियां इतनीं,

मेरे तेरे इस बँधन को
एक ऐसी गाँठ दूँगा मैं।

11

वास्ता तो इम्तहाँ से था

विदाई की है ये बेला
लगाये बैठे हो मेला,

गली में बेचने वाला
बढ़ा कर सो गया ठेला।

खुदा तुम थे तुम्हारा
वास्ता तो इम्तहाँ से था,

नहीं तुमने बताया था
हमें पढ़ना कहाँ से था।

चले दिन रात नंगे पैर
यहाँ पगडंडियों पे हम,

पहुँचता जो तुम्हारे तक
वो रास्ता आसमाँ से था।

अभी वापस ना ले लेना
खिलौने जो दिए हमको,

अभी तक खेल कोई भी
कभी खुल कर नहीं खेला।

घिरा रहता था जो दरबार में
खुद के हजारों से,

सिकंदरे में शहंशाह हिंद का
लेटा है अकेला।

12

इबादत तुम नहीं करना

हरेक मस्जिद में सजदे ले
इबादत तुम नहीं करना,

यारों खामखाँ कोई
मोहब्बत तुम नहीं करना।

तुम्हारी रात में जागने की
आदत है अभी कायम,

रहम कर दिल में मेरे
कोई खटपट तुम नहीं करना।

मुंडेरी पे जरा इस इश्क़ की
कुछ बेल चढ़ने दो,

अभी मँगनी और शादी की
ये चट पट तुम नहीं करना।

मेरे टूटे हुए दिल का
बस इतना ख्याल रख लेना,

जमाने भर की शादी में
सजावट तुम नहीं करना।

भले ही मेरी बाहों से
गये तुम उनकी बाहों में,

मगर इस दिल से जाने की
कभी हठ तुम नहीं करना।

13

मैं लुप्त हो गया घट घट कर

तुझसा महबूब नहीं पाया
मैं तुझमें डूब नहीं पाया,

लहरों ने तेरी पटक दिया
हर बार मुझे वापस तट पर।

था आँखों में आकाश तेरे
मैं चाँद था पूरनमासी का,

सपनों को तेरे ग्रहण लगा
मैं लुप्त हो गया घट घट कर।

जब तक थी घटा जवानी पर
वो हमको अलग सुलाते थे,

बादल ने छँटना शुरू किया
एतराज है उनको करवट पर।

बचपन की एक मोहब्बत ने
आवाज तो दी थी सपने में,

मैं मटकी सर रख निकल पड़ा
क्यों अल्ल सुबह ही पनघट पर।

❧

14

दिल काँच का है पत्थर का नहीं

पथरीली जमीं है बाहर की
आँगन ये तुम्हारे घर का नहीं,

जरा रखना कदम हौले हौले
दिल काँच का है पत्थर का नहीं।

वो स्वाद में मीठे मीठे हैं
पर असर अपने में झूठे हैं,

है कड़वाहट उसका एक गुण
सच बनता है शक्कर का नहीं।

एक बार गया हूँ मंदिर मैं
कदमों से लगा आया सिर मैं,

पर प्रेम में कुछ देरी होगी
ये मिलन अभी अक्सर का नहीं।

जैसे ही गरम हो गया लोहा
और चोट मुझे जो करनी हो,

एक साँस का या एक धड़कन का
मेरा पागलपन पल भर का नहीं।

मैं कफ़न धरे सिर निकला हूँ
जुल्म तेरा ख़ात्मा करने को,

तू गिद्ध बुला ले सब अपने
कोई ख़ौफ़ मुझे मंजर का नहीं।

15

बड़ा बेख़ौफ़ बैठा हूँ

मेरी दौलत तमाम जब से
तुझको सौंप बैठा हूँ,

चिलम होठों पे सुलगा के
बड़ा बेख़ौफ़ बैठा हूँ।

मैं तेरे दलदलों से तुझको
लाने के लिए बाहर,

मेरे पे जितनी थी ताकत
वो सारी झौंक बैठा हूँ।

वो मेरे हाथ में टुकड़े
समझ कर पास आया था,

मैं एक इंसान हो कर
जानवर पे भौंक बैठा हूँ।

मुझे मौका मेरे मौला तू
अब खिदमत का कुछ दे दे,

तेरे दर पे मैं फरमा के
सारे शौक बैठा हूँ।

16
पत्ती सा बिखर जाऊँगा

बुलबुला हूँ नहीं जो पानी
में ठहर पाऊँगा,

जिद तेरी है तो
समुन्दर में उतर जाऊँगा।

मुझको पूजा की तुम
थाली में मत सजा देना,

फूल खुशबू भरा
पत्ती सा बिखर जाऊँगा।

खो गये थे तुम किसी
भीड़ में ज़माने की,

ढूँढने आपको मैं
शहर शहर जाऊँगा।

हैं मेरी पर ये कभी
साँप को भी पालेंगीं,

क्या पता था कि मैं
आस्तीनों से डर जाऊँगा।

शौक मरने का मेरा

जिंदगी से बढ़ कर है,

तुम अगर चाहोगी तो
मैं तुम पे भी मर जाऊँगा।

रात जालिम है मगर
उनको गुजारनी होगी,

बाद में उनके घर
खुद ले के सहर जाऊँगा।

17
चेहरे पे काले तिल हैं

कत्ल में पीर के
सूफी भी कई शामिल हैं,

कब्र उनकी भी खुदेगी
जो तेरे कातिल हैं।

रोटियों तक ना रूकी
बात आ गयी घी पर,

अब नहीं करते ये दावा
की वो दरिया दिल हैं।

बहुत आसाँ है तुझे
इश्क़ में धोखा देना,

पहले निपटा दूँ मैं कुछ
काम बड़े मुश्किल हैं।

धीरे-धीरे सही पर
सारे पड़ेंगे फीके,

आप जो हुस्न की
दुनिया के रंगे महफ़िल हैं।

सामने उनके तो
कोहिनूर भी नहीं टिकता,

आपके पास वो जो
चेहरे पे काले तिल हैं।

18
साँसों में पतझड़ आ गए

मोमबत्ती की तरह जलकर
मैं कम होता गया,

कागजों में पर मेरे
कुछ गिनतियाँ बढ़ती रहीं।

हाँफ कर रुक गयीं बहारें
साँसों में पतझड़ आ गए,

और घड़ियाँ उम्र की
कंघा किया झड़ती रहीं।

मेरे आँगन में घटा तेरी
बरस कर थम गयी,

बूँदें छत पर टीन की
टप टप मगर पड़ती रहीं।

मैं चला पाया नहीं चाबुक
जुबाँ पे आज तक,

उम्र भर मुझसे तेरी
खामोशियाँ लड़ती रहीं।

आप तो ज़िंदा मुझे
हासिल हमेशा से रहे,

ऊँगलियाँ मेरी मगर
बुत आपके गढ़ती रहीं।

जो नदी तुमको मिली
वो ही नदी मुझको मिली,

और हम उस एक नदी के
दो किनारे बन गए।

हम हुए पैदा जवाँ हो गए
और अब बूढ़े हुए,

पर क्यों बच्चों की तरह
ये दूरियाँ बढ़ती रहीं।

रात तो बीतीं मगर
उम्मीदें सुबह की थीं नहीं,

धूप जितनी भी थीं
अपने वक़्त पर चढ़ती रहीं।

19
आप सपने पूरे देखो

जख्म तो उनको दिखाएँगे
जो दवा देंगे,

आप तो तकलीफ मेरी
और भी बढ़ा देंगे।

आग का रूख कहीं
ओर तुम्हारी ना हो,

आप तो आग को
खुलकर पूरी हवा देंगे।

कल सुबह जल्दी निकलना है
जिस सफर के लिए,

आप सपने पूरे देखो
हम जगा देंगे।

आप महबूब हैं मेरे
पर मेरे खुदा नहीं हैं,

उसके रास्ते में जो आए
तो हम हटा देंगे।

ये मुनीमी मुझे व्यापार ने
सिखला दी है,

आज जोड़ा है तुम्हें
कल को फिर घटा देंगे।

एक ख़्वाहिश जिसे
दिल में छुपाए बैठे हैं,

कल बिठाएँगे तुम्हें
बोले बिना बता देंगे।

20

फितरत मैं शहंशाहों सी

फितरत मैं शहंशाहों सी
अपने में लिए हूँ,

जा फैसले तेरे मुझे
मँजूर नहीं हैं।

अब मँजिलें धुंधली सी
नजर आने लगी हैं,

सुन रास्ते अब
अंत तेरा दूर नहीं है।

जुल्फें तेरी होंगी
मगर अंदाज है मेरा,

ये ऊँगलियां मेरी
तेरी मजदूर नहीं हैं।

मैं दाद तेरी हर गजल
पर दे नहीं सकता,

शायर हैं आप पर
अभी मशहूर नहीं हैं।

हम तुम को बदल दें
या दवाई तुम बदल दो,

हुए दर्द अभी जिस्म के
काफूर नहीं हैं।

तू लक्ष्य है और
बाँण मेरे दूर नहीं हैं,

पर तुझको बेधने का
मुझे फितूर नहीं हैं।

है तेरी हर जमीं पे
नजर आसमानों से,

हमले पर हिंदुस्तान
के दस्तूर नहीं हैं।

21

आजमा के ले गया मुझको

नदी में आया था सैलाब
बहा के ले गया मुझको,

जो मेरा दोस्त था सच्चा
वो आ के ले गया मुझको।

सफर पे आसमानों के
जमीं निकली है सज धज के,

मेरे सपनों का सौदागर
भगा के ले गया मुझको।

ना रोका सिलसिला उसने
मुझे फिर से छला उसने,

वो नकली खत मुझे उनका
दिखा के ले गया मुझको।

कोई पत्ता नहीं खोला
नहीं कुछ तेज वो बोला,

वो मेरे कान में कुछ
बुदबुदा के ले गया मुझको।

मुझे जिसने चुराया था
नहीं वो पास आया था,

मगर उनका तो ये हक था
बड़ा मासूम सा शक था

वो फिर से आँच लाकर
आजमा के ले गया मुझको।

22

मगर बन्दूक तेरी है

किसी का भी हो वो कंधा
मगर बन्दूक तेरी है,

अगर मैं आज जिंदा हूँ
तो फिर ये चूक तेरी है।

निवाले हम गरीबों के
हजम सब कर लिए तूने,

ना जाने किस खुदा ने
ऐसी बनायी भूख तेरी है।

तू मेरे सात पुश्तों की
हड़प कर ले गया दौलत,

हड़प कर ले गया घोड़े
हड़प कर ले गया तू रथ।

नजर ये शक भरी तेरी
हटाले मेरे सीने से,

है जिसका सर अभी इस पर
नहीं माशूक तेरी है।

समुन्दर है नहीं राजी
तुझे खुद में समाने को,

नदी कल जो उफाँ पे थी
गयी अब सूख तेरी है।

23

भगवान बना बैठा है

खुद तो आकाश में
भगवान बना बैठा है,

और सदियों से मुझे
भक्त बना रखा है।

एक दिन के लिए
कुर्सी तो थमा दे मुझको,

क्यों नियम तूने बड़ा
सख्त बना रखा है।

भौतिकी का कोई बंधन
नहीं लागू तुझपे,

कोई भी तन कोई भी मन
नहीं लागू तुझपे।

खुद तो सीमाओं से
इसकी तू परे बैठा है,

और मेरे लिए ये
वक्त बना रखा है।

राज धरती पे बनाए
बड़े सारे तूने,

ताज भी सर पे सजाए
बड़े सारे तूने।

कुछ तो हमको भी बता दे
तू कहाँ बैठा है,

आसमानों में भी कोई
तख्त बना रखा है।

24
दिलों पर राज करते हो

चाहत हो जमाने की
दिलों पर राज करते हो,

सनम पर तुम मोहब्बत में
बड़ी आवाज करते हो।

अभी है फूल में खुशबू
है मेरी भूल में खुशबू

लगा माथे पे रखी है
चरण की धूल में खुशबू।

मगर मुरझाऊँगा मैं कल
अगर बुझ जाऊँगा मैं कल,

रहेंगी क्या वो कल मीठीं
जो बातें आज करते हो।

उतर जाएगी जब रंगत
क्या मुझ में रंग भर दोगे,

अंधेरी रात को कल भी
उजाले की सहर दोगे।

समुन्दर तुम बने रह कर
नदी को फिर ठहर दोगे,

अभी तो नाजनीन हूँ मैं और
तुम भी नाज करते हो।

अभी कुरबान मुझ पर
तुम ये तख्तो ताज करते हो,

सनम पर तुम मोहब्बत में
बड़ी आवाज करते हो।

25

गवाही आसमाँ देगा

रँगी है खून से धरती
गवाही आसमाँ देगा,

अदालत में खुदा की जब
दखल की जाएगी फ़रियाद।

कलम होगी जमीं की
पर स्याही आसमाँ देगा,

तू ये आवाजें कितनी और
कब तक कर फना देगा।

तू कब तक जुल्म की इन
टहनियों को एक तना देगा,

जमीं तुझको भी एक दिन
कब्र में तेरी सुला देगा,

खतम हो जाएगा तू भी
विदाई आसमाँ देगा।

जमीं पर हर जुलम का
हर सितम का मूक दर्शक था,

क्या तू भी तबाही का मेरी
कोई समर्थक था।

कचहरी में क़यामत की
सफाई आसमाँ देगा,

खुदा शायद उसी दिन
फैसला अपना सुना देगा,

चलो तब ये भी देखेंगे
सजा वो किसको क्या देगा।

26

टोकरी में धर दिया तुमने

मैं राजा हूँ नजरअंदाज
फिर भी कर दिया तुमने,

उठा के ताज मेरा
टोकरी में धर दिया तुमने।

बड़े अरमान से मैं
इंद्र का रथ ले के आया था,

मैं तुम को साथ ले चलने का
ये व्रत ले के आया था।

तुझे लेने को पाँचाली
मैं आया था यहाँ खाली,

मगर खाली कटोरे को
भी पूरा भर दिया तुमने।

इमारत नाम मेरे है
मगर पत्थर दिया तुमने,

करी है मैंने नक्काशी
मगर अस्तर दिया तुमने,

मेरे खाली महल को भी
बना के घर दिया तुमने।

समझ मैं क्यों नहीं पाया
लड़कपन में कभी अपने।

इशारा अपनी नजरों से
मुझे अक्सर दिया तुमने।

27
चाँद की सूरत अधूरी है

लड़ाई हो नहीं जिनमें
वो रिश्ते टिक नहीं सकते,

बदलते जो नहीं मौसम
वो आ माफिक नहीं सकते।

बिना धब्बों के जैसे
चाँद की सूरत अधूरी है,

मिलावट कुछ नमक की
तेरे आटे में जरूरी है।

मिलाओगे नहीं तांबा
अगर सौ टंच सोने में,

ये बनके फिर किसी
दुल्हन के गहने बिक नहीं सकते।

खुली आँखों से दिखती है
बनायी उसकी ये दुनिया,

बिना पट बंद कर भगवान
तुमको दिख नहीं सकते।

तेरी तस्वीर तुझको
सामने रख कर बनानी है,

बिना चेहरा तेरे देखे
गजल हम लिख नहीं सकते।

28
वो करवट खो गयी तेरी

बड़े बेचैन थे कल शाम से
दीदार करने को,

बहुत पलटे मैंने पन्ने
लिखावट खो गयी तेरी।

घटाएँ आज भी सावन की
अपने घर में आती हैं,

मेरे संग भीग जाने की
मगर हठ खो गयी तेरी।

वही रातें वही सपने
वही अरमान हैं अब भी,

मगर मेरी तरफ वाली
वो करवट खो गयी तेरी।

फ़साने कुछ नये हो गए
बहाने कुछ नये हो गए,

मोहब्बत के तेरे रिश्ते
पुराने कुछ नये हो गए।

खलल इस नींद में मेरी
नहीं मुद्दत से डाली है,

मुझे झट से जगाती थी
वो आहट खो गयी तेरी।

जगह अब मौज मेलों की
सन्नाटों ने ले ली है,

शहर दिल में अभी भी है
बसावट खो गयी तेरी।

वही मंदिर वही देवी
वही पूजा की थाली है,

तेरा व्यवहार कायम है
इबादत खो गयी तेरी,

शिष्टाचार कायम है
मोहब्बत खो गयी तेरी।

29
चलो मौसम बदलते हैं

बहुत अब सह चुके गरमी
चलो मौसम बदलते हैं,

तुम अपना आज अपना लो
तुम्हारा कल बदलते हैं।

घटा छाती बहुत है ये,
बरस लेकिन नहीं पाती,

चलो इन आसमानों के
सभी बादल बदलते हैं।

खिलौने सा मुझे खेला
लगाए बैठे हो मेला,

चलो हम आज ही अपना
दिले पागल बदलते हैं।

फँसाना ही नहीं आता
बहुत धमकी ये देता है,

हैं गड्ढे टूटी सड़कों पर
बना फिरता ये नेता है।

मजा बाहर निकलने का
है अब इसमें नहीं आता,

मैं कितनी भी पियूँ ताड़ी
नशा मुझ पर नहीं छाता।

अगर इस बार फँसना है
तो हम दलदल बदलते हैं,

कमाने पुण्य धोने पाप
वो घट घट क्यों भटकते है।

बदलती है नहीं गंगा
ना गंगाजल बदलते हैं,

बहुत अब सह चुके गरमी
चलो मौसम बदलते हैं,

जरा सा तुम बदल जाओ
जरा सा हम बदलते हैं।

30
सारे किनारे तोड़ बैठी है

उफनती ये नदी
सारे किनारे तोड़ बैठी है,

ये सदियों बाद खुद ही
अपना रास्ता मोड़ बैठी है।

ओ मैदानों तुम स्वागत
के लिए तैयार हो जाओ,

कोई बेटी हिमालय की
हिमालय छोड़ बैठी है।

वो मेहनत करके अपने
खेत सारे जोत आया था,

वो लेकर पैर में छाले
बदन पे चोट लाया था।

ये उसको देख कर
अपनी जो ये छाती फुलाता है,

नहीं मालूम है उसको
या फिर वो भूल जाता है,

फसल तो सूदखोरों से
करे गठजोड़ बैठी है।

31
काँच सी आवाज तुमसे

कुछ नहीं बोले कभी कुछ
मौन तुम रहते हमेशा,

क्यों अचानक हो गयी ये
काँच सी आवाज तुमसे।

क्या तुम्हारे अंतर्मन में
द्वन्द कोई चल रहा था,

बड़बड़ाए नींद में तुम
खुल गये कुछ राज तुमसे।

मेरी टेढ़ी ऊँगलियों से
घी नहीं निकला तुम्हारा

बात अब करनी पड़ेगी
सीधी सीधी आज तुमसे।

तुम तो अपने आप में
दुनिया बसा अपनी लिए,

मेरे तो अटके हुए हैं
ओ सनम सब काज तुमसे।

नाजनीन हो तुम खजाने
कीमती तुमको मिले,

हमसफ़र हूँ मैं मेरे तो
हैं ये सारे नाज तुमसे।

इन अदाओं को मिले हैं
कुछ नये अंदाज तुमसे

ताज सुन ले कह रही है
आज कुछ मुमताज तुम से

क्यों अचानक हो गयी ये
काँच सी आवाज तुमसे।

32

कीचड़ में कमल देखोगे

मेरी आँखों से कभी
ताज महल देखोगे,

दिल भी देखोगे या बस
रानी का महल देखोगे।

नकली चीजें तो बहुत
बाजार ने दिखला दीं हैं,

मुझको देखोगे सनम
चीज असल देखोगे।

तेरे हाथों ने कलम
थाम गजल लिख दीं हैं,

मेरी नजरों ने जो लिखी है
वो गजल देखोगे।

मैं मुगल बाग के फूलों
सी लगूँगी सुंदर,

तुम अगर थोड़ा सा
अंदाज बदल देखोगे,

मुझको देखोगे तो
कीचड़ में कमल देखोगे।

खेत हैं प्यार के
तुम उनको सिंचाई दे दो,

लहलहाती हुई इनकी
भी फसल देखोगे।

तुम बनारस में हरिद्वार में
बस जाते हो,

कब सनम तुम मेरी
गंगा में भी जल देखोगे?

33

प्रश्न अहिल्या का आया है

प्रश्न अहिल्या का आया है
कब उसका उद्धार करोगे,

आधे मन से मेरे होकर
मुझको कैसे प्यार करोगे।

नाँव तुम्हारी भरी हुई है
सौदागर उसमें बैठे हैं,

मुझ गरीब का क्यों और कैसे
तुम ये बेड़ा पार करोगे।

तेरे मन तक कैसे आऊँ
डर जाती है खुशबू मेरी,

कल मुझको मालूम हुआ
तुम फूलों का व्यापार करोगे।

तेरे घर पे जब आऊँगा
मेरा भी सत्कार करोगे,

लेकिन फिर भी तड़पाओगे
नजरों से तुम बच जाओगे।

वादे बहुत करोगे लेकिन
मेरे काम नहीं आओगे,

दिखलाओगे मुझको पर सपने
खुद के साकार करोगे।

दुनिया से व्यवहार सीख कर
मुझसे भी व्यवहार करोगे,

आधे मन से मेरे होकर
मुझसे कैसे प्यार करोगे।

34
जिरह अभी ये बेमानी है

घंटा मैंने बजा दिया है
एक फ़रियाद लगानी है,

सँकरी हो गयी गली तुम्हारी
मंडी ये हटवानी है।

झूठ से है गठजोड़ तुम्हारा
मिला है उसको तोड़ तुम्हारा,

हौले हौले बैठ चुका है
सच अब दामन छोड़ तुम्हारा।

देवी तो है नई न्याय की
पूजा वही पुरानी है,

मुझको तो भगवान तुम्हारे
मंदिर में आसानी है।

लेकिन इतना ख्याल तो रखना
मन में एक सवाल तो रखना,

कभी फैसला तेरा होगा
कभी तो उतरेगा ये चोगा।

जहर उसी तालाब के जरिये
तुम तक कहीं पहुँच ना जाये,

बस्ती को बस एक मिला है
पीना तुमको भी पानी है,

पहले सच को गवाह बनाओ
जिरह अभी ये बेमानी है।

35
काफिर हो गया मैं

बैठ कर पगडंडियों पे
रास्तों को देखता था,

शायरी करने लगा तो
एक मुसाफ़िर हो गया मैं।

बैठा घुटने टेक बंदा
था खुदा का नेक बंदा,

एक मूरत में दिखी सूरत
जो मुझको आपकी।

दिल में हौले से छुपा कर
उसको काफिर हो गया मैं,

अब मुझे ठगना मोहब्बत में
नहीं मुमकिन ज़रा भी।

शतिराना सब दिखे अन्दाज़
शातिर हो गया मैं,

वैसे तो कातिल थे जितने
मुझसे थर थर कांपते थे।

पर ख़ुशी से क़त्ल कल
बस तेरी ख़ातिर हो गया मैं,

मैं गया था सीखने कुछ
नृत्य उनसे प्रेम के

देख कर सर्कस ,कलाबाज़ी
में माहिर हो गया मैं।

36
पसरा ये सन्नाटा क्यों है

कल तक बड़ा मौज मेला था
पसरा अब सन्नाटा क्यों है,

कंगाली में सूख गये हो
गीला फिर भी आटा क्यों हैं।

मैंने व्यापार किया ना कोई
दुष्टाचार किया ना कोई,

नीयत तेरी हमलावर थी
मैंने वार किया ना कोई।

लाभ बन गये पुण्य तुम्हारे
मुझको केवल घाटा क्यों है,

धरम के झगड़े करम के झगड़े
रोज उघड़ती शरम के झगड़े।

सुलतानों को ले डूबे थे
सुलतानों के हरम के झगड़े,

एक जमीं के हर हिस्से को
अलग माप से काटा क्यों है।

कुदरत तूने सौ टुकड़ों में
इस धरती को बाँटा क्यों है,

इतनी लम्बी जिसकी छाया
वो खुद इतना नाटा क्यों है।

दरिया में जब ज्वार नहीं है
फिर दरिया में भाटा क्यों है,

यारों ढोल बजा दो फिर से
पसरा ये सन्नाटा क्यों है।

37
पन्ने नहीं पलटे जाते

सामने घर से मेरे
आप जो चलते जाते,

दम ये राकेट से धुएँ
सा हैं निकलते जाते।

इम्तहानों में सबक
जिनके लिख दिये सारे,

उन किताबों के फिर
पन्ने नहीं पलटे जाते।

कल गली में तेरी एक
चाल ने हैरान किया,

आप तो चल के कभी
भी नहीं उल्टे जाते।

प्यार में भी तलाश
आप की जोरों पे थी,

खामखाँ यूँ ही मुहूरत
नहीं टलते जाते।

उतनी तेजी से तो
मौसम भी नहीं बदले हैं,

आप के रंग जिस
तरह ये बदलते जाते।

38
कीमत तेरी खुल जाएगी

सेकने आया है रोटी
तेरी जल जाएगी,

आँच भड़केगी तो
मत सोच संभल जाएगी।

आज बाजार का जिस
बन के खुदा बैठा है,

उसी बाजार में कीमत
तेरी खुल जाएगी।

किस अमीरी के गुमाँ
में ये सौदागर है,

ये नहीं सिर्फ जमीं
इसपे तो मेरा घर है।

वहम ये अपने मगज से
निकाल दे पूरा,

तू खरीदेगा तो
हर चीज यूँ बिक जाएगी।

जो फटेहाल हैं तू
उनका लुटेरा ना बन,

उनके टूटे हुए सपनों
का चितेरा ना बन।

भीड़ जो हाथ में
कानून अगर ले लेगी,

जिंदगी मौत में तेरी
भी बदल जाएगी।

आज ताकत में ये
करना कबूल मुश्किल है,

फैसले हैं ये सिकंदर के
भूल मुश्किल है।

वो जो इतिहास के
फाटक पे खड़ी दिखती है,

रेलगाड़ी है जो आयी है
निकल जाएगी।

39
गिरवी मेरा मन रखा है

आपने जिस की हथेली पे
वजन रखा है,

डाल उसने तो सर
पे भी कफन रखा है।

आप इल्जाम फरेबी
का मुझे मत देना,

आप के पास तो गिरवी
मेरा मन रखा है।

मैं चमेली को चुनूँ
या मैं चुनूँ चम्पा को,

तूने नजरों में बसा
पूरा चमन रखा है।

कम नहीं होगा ये
बढ़ने का ही अंदेशा है,

तुझ को महफूज है रखना
ये मेरा पेशा है।

चाँदनी को कभी
फीकी नहीं होने देंगे,

है जो अपनी वो
किसी की नहीं होने देंगे।

मेरे घर की एक तिजोरी
में तेरा धन रखा है,

राज उस धन का
सीने में दफ़न रखा है।

40
साँस में घुलने लगी हो

रात कुछ देर और रुकना
जल्दी क्यों ढलने लगी हो,

मन से देखा जब पिया को
आँख तुम जलने लगी हो।

हो गयीं थीं आप भी तो
बंद होने पर उतारू,

आहटें उनकी मिलीं तो
धड़कनें चलने लगी हो।

ओ बला कुछ देर अपनी
मौज को जारी रखो ना,

आ गए मेरे पिया तो
आप क्यों टलने लगी हो।

आप से वैसे भी हमको
आसरा तो कोई ना था,

लेकिन क़िस्मत आप भी
ज़्यादा ही कुछ छलने लगी हो।

इत्र की खुशबू हो तुम तो
जिस्म महकाती हो तुम तो,

रास्ते दिल के दिखे तो
साँस में घुलने लगी हो।

41
आइना दिखला गए तुम

बीच में जो ये हमारे
फ़ासले ले आ गए तुम,

एक इतराती शकल को
आइना दिखला गए तुम।

दर्द मेरे थे मगर ले साथ
तुम अपने गए थे,

बिन छुए उनको मुझे वापस
उन्हें लौटा गए तुम।

गीत मेरा था मेरी धुन थी
मगर स्वर आपका था,

दूसरी महफ़िल में उसकी
धुन बदल कर गा गए तुम।

तुम थे बादल एक जो
टुकड़ों में ऊपर घूमता था,

कर दिया मैंने घना तो
छत पे उनकी छा गए तुम।

ज़िंदगी मेरी मज़े में थी
सजा कोई नहीं थी,

जाने मेरी ज़िंदगी में क्यों
कहाँ से आ गए तुम।

42

दफ़न कुछ भी नहीं

सोने चाँदी से लदे हो
पर वजन कुछ भी नहीं,

तन पे अंगार चढ़ा है
और मन कुछ भी नहीं।

तूने बस्ती में जमीं एक
ये महँगी ले कर,

कब्र खोदी हैं हजारों
पर दफ़न कुछ भी नहीं।

शौक खुशबू का जिन्हें
हो गया पागलपन तक,

फूल उनके लिए सब कुछ
हैं चमन कुछ भी नहीं।

तुझे छूने के लिए मीलों
चले हैं धूप में हम,

ताजगी मिल गयी तुझसे
और थकन कुछ भी नहीं।

तेरे हर प्रश्न का उत्तर
मैं समय पर दूँगा,

तेरी आँखों में बस आक्रोश
नमन कुछ भी नहीं।

कब ये मेरी जान
मेरी जान पर कुर्बाँ होगी,

मेरी इस जान की कीमत
ऐ वतन कुछ भी नहीं।

43

खिड़कियाँ खुलने लगीं

हैं हवाएँ तेज अपनी
जिद पे आमादा हुईं,

बंद दरवाजे किये तो
खिड़कियाँ खुलने लगीं।

डर के जो तूफ़ान से
हो गये हैं मछुआरे दफा,

मछलियाँ बाजार में आकर
के खुद तुलने लगीं।

याद हल्का सा किया
कल रात जो मैंने उन्हें,

बिन पिए बेहोशियाँ
साँसों में थीं घुलने लगीं।

कल अँधेरी रात में
आवाज हम से हो गयी,

नींद हावी थी मगर
सब बत्तियाँ जलने लगीं।

एक शरम मासूम सी
बाजार में क्या आ गयी,

था अभी ऐलान बाकी
बोलियाँ लगने लगीं।

मैं सुबह के दोपहर के
जुल्म से था थक चुका,

शाम तो आयीं नहीं
और रात ये ढलने लगीं।

44

सूरत मेरी माँ की है

है पूरे शबाब पे छलिया
लेकिन छलना बाकी है,

नशा चढ़ रहा धीरे धीरे
और जल्दी में साकी है।

जरा तीसरी आँख से डरना
इश्क़ भी देख भाल कर करना,

वो खुद पूरा ढका हुआ है
फितरत ताका झांकी है।

सपने थे तेरे लेकिन
देखा मैंने जयचंदों को,

सौदागर ने तोल के तुझको
कीमत तेरी आँकी है।

रोक सके तो रोक दे उसको
मना मैं ना कर पाऊँगा,

विषकन्या में विष तो है
सुंदरता बड़ी बला की है।

नहीं पता था तुम भीतर से
खुद भी इतना उधड़े से हो,

तुमने तो अपने हाथों से
उधड़न मेरी टाँकी है।

हर पर्वत पर हर देवी की
पूजा मुझको करनी है,

कुलदेवी तेरे चेहरे में
सूरत मेरी माँ की है।

45

बरी खुद को किया मैंने

अदालत में खड़ा था मैं
ये जोड़े हाथ बरसों तक,

मगर वो कशमकश में ही
रहे दिन रात बरसों तक।

उठाली फिर कलम और
एक ही कागज लिया मैंने,

बस दो चार लफ्जों में
फैंसला लिख दिया मैंने।

सबूत उनके किनारे रख
बरी खुद को किया मैंने,

तुम इल्जामों की टोकरिया
किसी के भी सिर पे रख देना।

बचाने धूप से उसको
चुनरिया अपनी ढक देना,

हमारा सिर तो अब सिरमौर
होगा ताज पहनेगा।

नुमायश से जिसे लाये थे
मुकुट वो आज पहनेगा,

कलम फिर तोड़ दी और
घूँट भर पानी पिया मैंने।

सबूत उनके किनारे रख
बरी खुद को किया मैंने,

मुकदमा दूसरा कोई
अदालत को तुम दे देना,

मेरे ऊपर जो ठोका था
उसे निपटा दिया मैंने।

46
जागीर बना बैठा है

उसपे चेहरा नहीं
तसवीर बना बैठा है,

लक्ष्य कोई भी नहीं
तीर बना बैठा है।

लोग करते हैं मोहब्बत
और बिक जाते हैं,

वो मोहब्बत में भी
जागीर बना बैठा है।

माँगता रहता था जो
मुझसे दुआएँ कल तक,

आज दरगाह में खुद
पीर बना बैठा है।

अपने हाथों की लकीरें
जो कल पढ़वाता था,

आज वो खुद मेरी
तकदीर बना बैठा है।

47
ये खाल पतली है

जख्म हो जाते हैं जल्दी
ये खाल पतली है,

आपके हाथ में
मरहम भी तो ये नकली है।

कत्ल पे कत्ल जो आप
करने पे आमादा हैं,

शराब खून की क्या आपने
भी चख ली है।

दो रूपल्ली का मुझे
सूद पर कर्जा दे कर,

मेरी लाखों की मोहब्बत
ही जमा रख ली है।

जख्म ज़्यादा हैं या फिर
इस पे दाग ज़्यादा हैं,

आपने जिस्म पे चादर
जो बड़ी ढक ली है।

48

स्वतः संज्ञान ले लेना

किसी की हो कोई पीड़ा
स्वतः संज्ञान ले लेना,

निकलना है मुझे वनवास
मेरा स्थान ले लेना।

यदि चुन ना कभी पड़ता
है सेना में या माधव में,

तो सेना छोड़ देना तुम
किशन भगवान ले लेना।

तू ज्ञानी है और तूने ज्ञान
बड़े गुरुओं से पाया है,

वशिष्ठ ने अपने आश्रम में
तुझे हर गुर सिखाया है।

यदि संकट में फँस जाओ
तो फिर से शिष्य बन जाना,

तुम खा कर बेर शबरी से भी
थोड़ा ज्ञान ले लेना।

प्रवृत्ति है बुरी जिसने
उसे रावण बनाया है,

समय ने काल खण्डों में
उसे एक क्षण बनाया है।

बुरा होता नहीं व्यक्ति
बुरी होती है आसक्ति,

तुम उसको प्रेम थोड़ा दे
पूरा अभिमान ले लेना,

उसे सम्मान दे कर तुम भी
कुछ सम्मान ले लेना।

मैं रथ आने नहीं दूँगा
तुम्हें जाने नहीं दूँगा,

मुझे तुम तार दो पहले
फिर प्रस्थान ले लेना।

49

मोम पत्थर बना दिए हमने

ख़्वाब आँखों में ना समा पाए
रेत पर घर बना दिए हमने,

टुकड़े आख़िर के कुछ बचाने को
मोम पत्थर बना दिए हमने।

रास्ते हो गए थे एक तरफ़ा
लौटने का ना इरादा था,

हाथ हिल हिल कर सच बयाँ कर गए
होंठ पे सिर्फ़ झूठा वादा था।

आपको पास अपने रखना था
गोल चक्कर बना दिए हमने,

ज़ायक़े कड़वे थे सारे सच के
लोग निकले हैं उनसे बच बच के।

याद मीठा ज़हर हमें आया
सच भी शक्कर बना दिए हमने,

प्यार ले कर के तुम चले आना
भर के सागर को तुम चले आना।

उसको महफ़ूज़ रिहायश देने
दिल में गागर बना दिए हमने,

जो खड़ी थी तू इस किनारे पे
उस किनारे पर तेरे साजन थे

उनका तेरा मिलन कराने को
पुल नदी पर बना दिए हमने।

50
पड़ाव कोई नहीं

दूर मंजिल है बना दी
पड़ाव कोई नहीं,

लगाए बैठे हो मरहम
पर घाव कोई नहीं।

चल कोई दूसरा चमन
कहीं तलाशेंगे,

फूल बिखरे पड़े हैं
पर गुलाब कोई नहीं।

बड़ी बेशर्मी से कहते
हो कि मैं खतम अब हूँ,

खर्च करते रहे मुझको
हिसाब कोई नहीं।

तेरी जिद थी तो
मैं आ गया मयखाने में,

लोग सब पी रहे पानी
शराब कोई नहीं।

तूने गद्दी पे बिठाया
तो कुछ खाते देखे,

तूने रिश्तों को घटाया है
जुड़ाव कोई नहीं।

मैं पहली बार अंजुमन
में कल गया ऐसी,

मुझे असली दिखे चेहरे
नकाब कोई नहीं।

वो जो परदा नशीन थे
नमाज पढ़ते वक्त,

रात महफिल में जब दिखे
हिजाब कोई नहीं।

51
मटकिया भरी नहीं

मटकिया भरी नहीं और
उम्र ये रही नहीं,

प्यास लेकिन प्यास थी
वो तो जवाँ बनी रही।

फड़फड़ाते ही रहे दो पंख
उड़ने के लिए,

आपने एक बात दिल की
आज तक कही नहीं।

जिस्म को ही देख कर
तुम फैसला नहीं करो,

रोज ये नया नया
जिस्म है धुआँ धुआँ।

रूह सदियों से वही है
रूह है नई नहीं,

पीर दिल में मोम जैसे
सख्त हो जमी रही।

बालटी भर डल गया
पानी मगर बही नहीं,

छोड़ है कबका दिया
विश्वास पुतलों पे तेरे,

बात तेरी भी मुझे लगती
है सब सही नहीं।

एक मुकदमा आज तक
अंजाम पे पहुँचा नहीं

सुस्त है सच की गवाही
सुस्त मुद्दई नहीं।

Printed by Libri Plureos GmbH in Hamburg, Germany